Prüfungen mit Felix 3

C. C. Buchner Oldenbourg

Prüfungen mit Felix 3

Herausgegeben von
Clement Utz (Regensburg) und
Andrea Kammerer (Schwabach).

Prüfungen mit Felix 3 wurde erarbeitet von
Diana Lohmer (Cham).

Über weiteres fakultatives Begleitmaterial zu **Latein mit Felix** informiert Sie
C.C. Buchners Verlag · Postfach 1269 · D 96003 Bamberg.

BAMBERGER WORTSCHATZ

1. Aufl. 1 ^{76543} 2013 12 11 10 09
Die letzte Zahl bedeutet das Jahr dieses Drucks.
Alle Drucke dieser Auflage sind, weil untereinander unverändert, nebeneinander benutzbar.

Dieses Werk folgt der reformierten Rechtschreibung und Zeichensetzung. Ausnahmen bilden Texte, bei denen künstlerische, philologische oder lizenzrechtliche Gründe einer Änderung entgegenstehen.

www.ccbuchner.de
www.oldenbourg-bsv.de

Lektorat: Bernd Weber
Layout und Satz: i.motion gmbh, Bamberg
Druck und Bindung: creo Druck & Medienservice GmbH, Bamberg

Abbildungen: 8f.: Cinetext, Frankfurt a.M. | 11, 12, 13: akg-images / Erich Lessing | 26, 28, 32: akg-images | Verlagsarchiv.

C.C. Buchner ISBN 978-3-7661-**5073**-8
Oldenbourg ISBN 978-3-637-**00262**-3

Amor et labor vincent omnia.

Liebe Schülerinnen und Schüler,

wer schon einmal einen Berg erklommen hat, weiß, wie anstrengend dies sein kann und wie viel Begeisterung und auch Durchhaltevermögen dafür nötig sind.

Das dritte Lateinjahr ist gleichsam ein Berg, ein *mons*, der *labor* (Anstrengung), aber auch *amor* (Begeisterung) verlangt. Dieses Heft mit Prüfungsaufgaben soll dir dabei helfen, die an dich gestellten Anforderungen möglichst gut vor Prüfungsarbeiten zu trainieren. Bei den sechzehn Tests des vorliegenden Heftes, in denen jeweils der Stoff von mehreren Kapiteln zusammengefasst wird, sind die Lektionen, die vorausgesetzt werden, in den Kopfleisten angegeben.

Beginne rechtzeitig vor einer Prüfungsarbeit mit dem Wiederholen von Wortschatz und Grammatik. Bearbeite dann die zugehörigen Tests in diesem Heft und prüfe so, ob du wirklich gesicherte Kenntnisse besitzt. Zwölf Tests sind wie zweigeteilte Schulaufgaben aufgebaut und bestehen aus einem lateinisch-deutschen Übersetzungsteil und einem Aufgabenteil, bei dem du sowohl Grammatikkenntnisse als auch Sachwissen aus den Lektionen beweisen musst. Vier Tests sind wie die Lektionstexte in **Latein mit Felix** lateinisch-deutsche Übersetzungen. Pro Test solltest du nicht mehr als 45 Minuten Arbeitszeit benötigen.

Notiere dir bei der Korrektur mit Hilfe des Lösungsteiles nicht gewusste Vokabeln und lerne diese nochmals. Verfahre bei Schwierigkeiten mit der Grammatik genauso, indem du das jeweilige Grammatikpensum in deinem **Latein mit Felix**-Band ein weiteres Mal durcharbeitest.

Amor et labor vincent omnia ...

Die Verfasserin

(A) Übersetzung

Octavianus – ein idealer Princeps?

Nonius Urbanus erzählt dem Großkaufmann Quintus Fabius, der gerade nach langem Aufenthalt in Griechenland im Jahr 20 v. Chr. nach Rom zurückgekehrt ist, im Schatten einer Säulenhalle Folgendes über die politische Lage in Rom:

1. „Scis, quanto odio commotus Octavianus adulescens post necem Caesaris contra nonnullos senatores spem imperii non deponentes pugnaverit.
2. Nam alios se inimicos praebentes in exilium pepulit, aliis veniam petentibus pepercit, cum optaret, ut omnes iustitiam suam memoria tenerent.
3. Nunc princeps perficere cupit, ut signa[1] ab hoste rapta reddantur et duces populorum barbarorum pacem perpetuam faciant.
4. Quare incredibili labore studet, ut portas Iani[2] claudat et metum belli a civibus avertat.
5. Quamvis princeps imprimis salutem plebis augeat, tamen nobiles quoque eum magni aestimant."

(B) Zusätzliche Aufgaben

1. Setze die Partizipformen der in Klammern angegebenen Verben grammatikalisch korrekt und inhaltlich sinnvoll ein. (5 BE)

   Nonius Urbanus ergänzt seine Erzählung:

   „Augusto bella crudelia ? (PPA von *componere*) gratiam debemus.
   Imperator artes ? (PPA von *amare*) statuas egregias in Graecia ? (PPP von *emere*) in foris collocat.
   Templa a fabris optimis ? (PPP von *aedificare*) magna cum diligentia restituit.
   Profecto princeps saluti civium ? (PPA von *consulere*) laude dignus est."

---

[1] **sīgnum** hier: das Feldzeichen – [2] **Iānus** hier: der Janustempel

2. Bestimme die Art der Fragen und übersetze diese. (6 BE)

   a) Qui princeps obeliscum[1] in Campo Martio collocari iussit?
   b) Utrum Augustus vitam laetam an tristem egit?

3. Nenne das zugrunde liegende lateinische Wort zu den Fremdwörtern und gib die deutsche Bedeutung des lateinischen Wortes an. (6 BE)

   a) Komparativ
   b) Effekt
   c) Fiktion
   d) Singular
   e) Traktor
   f) Tradition

4. Ergänze die passende Form der angegebenen Pronomina und übersetze. (3 BE)

   a) ? / ? nationes (*iste*)
   b) in ? imagine (*idem*)

5. Beschreibe und erkläre anhand der Abbildung vier Einzelheiten der Darstellung des Flachreliefs auf dem Brustpanzer der Statue des Augustus, die bei Prima Porta gefunden wurde. (4 BE)

[1] **obeliscus, -ī** Obelisk
Umfang: 79 lat. Wörter + 24 BE

2. Prüfungsaufgabe

(A) Übersetzung

Der junge Cäsar in Gefahr

In den ersten Jahrzehnten des ersten Jahrhunderts v. Chr. finden immer wieder blutige Auseinandersetzungen zwischen der Popularenpartei mit Marius und Cinna und Sullas Optimatenpartei statt. Auch der etwa 20-jährige Popularenanhänger Cäsar kommt mit Sullas Militärdiktatur in Konflikt.

1. Quis nescit, quot homines summi ingenii Sulla perdiderit?
2. Etiam Caesar adulescens magno honore affectus frustra studuit, ut odium istius caveret.
3. Ira commotus amicis suam condicionem turpem explicavit: „Vix existimare potestis, quid Sulla a me postulet.
4. Nam Corneliam, filiam Cinnae, quam uxorem duxi, relinquere debeo, quamvis ea mihi cordi sit.
5. Nisi Sullae paruero, omnia perdam.
6. At opto, ut mihi omnibus bonis spoliato contingat, ut nocte ex urbe decedam et lateam, ne nex mihi paretur."

(B) Zusätzliche Aufgaben

1. Übersetze folgende Warnungen und mache sie dann von *cave / cavete, ne* abhängig. (6 BE)

   a) Noli duces improbos deligere! → *Cave, ne ...*
   b) Nolite equites iustos accusare! → *Cavete, ne ...*

2. Ergänze das Verb in der korrekten Form. (3 BE)

   a) Timeo, ne hodie officia mea ? . (*neglegere*, 1. Pers. Sg. Präs.)
   b) Vos oramus, ut fabulas miras ? . (*narrare*, 2. Pers. Pl. Präs.)
   c) Mihi notum est, quanta diligentia dolum ? . (*fingere*, 2. Pers. Sg. Perf.)

3. Mache die Fragesätze von *nescio* abhängig. (3 BE)

   a) Cur leonem cepisti? → *Nescio, ...*
   b) Ubi animalia latent? → *Nescio, ...*
   c) Quando urbem reliquistis? → *Nescio, ...*

4. Nenne den „Störenfried“. (4 BE)

   a) quotiens – veniens – spargens currens
   b) petivi – captivi – comparavi – explicavi
   c) igitur – traditur – quaeritur – deligitur
   d) collectas – calamitas – sollicitatas – cultas

5. Gib die deutsche Bedeutung der Adjektive an und bilde jeweils das lateinische Adverb dazu. (4 BE)

   a) asper
   b) laetus
   c) gravis
   d) felix

6. Erkläre, wozu der Obelisk auf dem Marsfeld diente und welche Bedeutung er hatte. (4 BE)

Kaiser Augustus ließ diesen fast 22 Meter hohen Obelisken aus der Regierungszeit des Pharaos Psammetichos II. (um 600 v. Chr.), aus Heliopolis in Ägypten nach Rom schaffen. Heute steht er vor dem Palazzo Montecitorio in Rom. Es war der erste Obelisk, der vom Nil an den Tiber gebracht wurde – und an seinem heutigen Aufstellungsort erfüllt er die gleiche Funktion wie vor zweitausend Jahren!

Umfang: 73 lat. Wörter + 24 BE

Übersetzung

Im Schatten eines Tyrannen lebt es sich gefährlich

Kaiser Nero entwickelt sich im Laufe seiner Regierung immer mehr zu einem Tyrannen und trachtet reichen Bürgern sogar nach dem Leben, um an ihr Vermögen zu kommen. Auch der „Multimillionär" Seneca stellt fest, dass Nero, dem er seit dessen Jugend als Erzieher zur Seite stand, nicht mehr zu ihm hält, und versucht die angespannte Situation zu entschärfen.

1. Nero potestatem crescentem Senecae, qui sapienter negotia publica agebat, periculosam[1] esse sentiebat.
2. Cum Seneca invidiam principis intellegens cum isto sermonem haberet, his verbis istum flectere studuit:
3. „Tu me familiariter tantis muneribus afficis, ut divitias meas augeam et vitam iucundam agam.
4. Sed scis, quam difficile sit senem divitem honeste vivere. Ideo ratione inductus tibi divitias sponte mea tradere volo."
5. Quia imperator nolebat cives credere se cupidum bonorum viri pii esse, haec respondit: „Cave, ne me parvi aestimes! Proinde ne postulaveris a me, ut opes tuas appetam!"
6. Quibus verbis imperator consilia improba tegere studuit.

Nach Senecas von Nero angeordnetem Selbstmord fällt dessen Vermögen tatsächlich an den Kaiser.

Nero und sein Hofstaat betrachten von ihren erhöhten Plätzen aus neugierig die Gäste eines kaiserlichen Banketts. Szenenbild aus dem Film *Quo vadis?* (1951)

[1] perīculōsus, a, um gefährlich
Umfang: 92 lat. Wörter

Übersetzung

Nero – ein wahrer Olympionike?

Im Sommer 69 n.Chr. erzählt der Kaufmann Lucius Pictor zwei befreundeten griechischen Kaufleuten in Korinth über Kaiser Neros künstlerische und sportliche Ambitionen:

1. „Constat Neroni et artes et certamina equorum cordi fuisse.
2. Cum Seneca istum moneret, ne nimium tempus in rebus inutilibus[1] poneret, imperator adulescens voluptatum cupidus magistro aures non dedit, sed cantans in publicum prodire perrexit.
3. Post mortem senis sapientis iste in Graeciam iter fecit et equos regens ludis Olympiis interfuit.
4. Nam quinto quoque anno iuvenes Graeci Olympiam petebant in ludis gloriam incredibilem accepturi.
5. Quis vestrum nescit, quomodo Nero victor factus sit?
6. Cum e curru[2] eiectus[3] certamen ab initio repeteret, complures eum tamen vicerunt, ut vulgus eum derideret.
7. Sed Nero semper omnes superaturus statuit leges Olympias nefarie neglegere.“

So ließ Nero sich trotz schnellerer Gegner einfach zum Sieger des Wagenrennens erklären.

[1] **in-ūtilis, e** Gegenteil zu *ūtilis, e* – [2] **currus, -ūs** der Wagen – [3] **ēicere** (*ēiciō, ēiēcī, ēiectum*) herausschleudern
Umfang: 96 lat. Wörter

5. Prüfungsaufgabe

(A) Übersetzung

Eine Reise nach Korinth

Der Kaufmann Lucius Pictor will trotz des jahreszeitlich schlechten Wetters wieder einmal eine Handelsreise nach Korinth unternehmen. Doch seine ängstliche Frau Claudia ist davon gar nicht begeistert.

1. Uxore ignara Lucius Pictor, mercator diligens, statuit hieme Graeciam navigare ibi negotia acturus.
2. Nave mercibus[1] completa Claudia casu comperit maritum iter facturum esse.
3. Irae non iam temperans animum Lucii convertere studuit:
4. „Patre vivo semper sapientiam tuam magni aestimavi, quia numquam plenus superbiae pericula subisti. Quo auctore hoc consilium inisti?
5. Qua de causa me et filiam unicam puniturus es?"
6. Quibus verbis dictis Lucius curas uxoris luctu commotae reppulit: „Spero navem iter feliciter confecturam esse."

(B) Zusätzliche Aufgaben

1. Ergänze die fehlenden Formen, indem du die in Klammern angegebenen Wörter grammatikalisch korrekt und sinnvoll einsetzt. (6 BE)

   Claudia bittet die Götter um Schutz für ihren Mann:

   a) „Dei ? (*aeternus*), ? (*maritus*) consulite!
   b) Providete, ut Lucius in patriam ? (*redire* → Umschreibung des Futurs)!
   c) Metus me ? (*invadere* → Präsens), ut ille a piratis[2] ? (*comprehendere* → Präsens).
   d) Ne ? (*obicere*) illum tempestatibus!"

---

[1] merx, mercis die Ware – [2] pīrāta *m* der Seeräuber

2. Leite folgende englische Wörter von lateinischen Wörtern ab und übersetze die lateinischen Wörter. (4 BE)

a) *luxury*
b) *necessary*
c) *domestic*
d) *divine*

3. Nenne zu den im folgenden italienischen Satz unterstrichenen Wörtern das zugrunde liegende lateinische Wort und gib dessen deutsche Bedeutung an. (4 BE)

D'<u>estate</u> è <u>facile</u> <u>conoscere</u> tanta <u>gente</u> sulla spiaggia.

4. Ergänze die fehlenden lateinischen Stammformen und gib die deutsche Bedeutung der Verben an. (6 BE)

		repperi		
	corrumpo			
vertere				

5. Nenne das Rätsel der Sphinx, das diese dem Ödipus stellte, und gib auch die Lösung des Rätsels an. (4 BE)

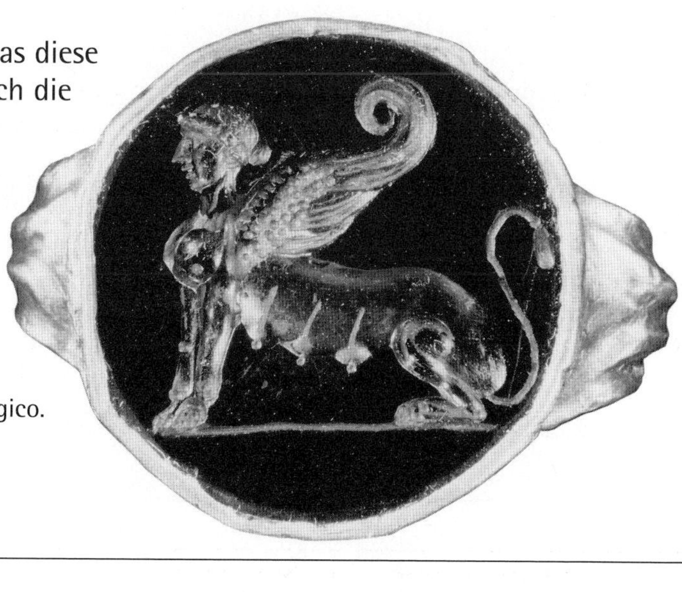

Siegelring des Kaisers Augustus. 1. Jh. v. Chr. Gemme aus schwarzem Onyx. Florenz, Museo Archeologico.

Umfang: 73 lat. Wörter + 24 BE

Übersetzung

Verhängnisvolle Begegnung

König Lajos von Theben war geweissagt worden, dass sein Sohn ihn töten werde. Deshalb ließ er sein Kind in der Wildnis aussetzen. Aber ein Hirte des kinderlosen Polybos, des Königs von Korinth, fand den Säugling und brachte ihn zum Königspaar, welches das Findelkind unter Geheimhaltung adoptierte.

1. Aliquando hospes invidia adductus Oedipo obiecit eum filium Polybi regis non esse.
2. Quibus verbis dictis ille statim e matre quaesivit, quis pater suus esset.
3. Ea autem nihil explicante Oedipus oraculum consulere statuit.
4. Qui cum a sacerdote audiret se patrem necaturum et matrem uxorem ducturum esse, iuravit se ad parentes rediturum non esse.
5. Sed quamquam luctu commotus per terras erravit, ne sors perficeretur, Oedipus Laio patri in via angusta occurrit.
6. Cum ministri senis postularent, ut eis locus daretur, adulescens, qui patrem non cognoverat, non paruit.
7. Denique Oedipus de via non cessurus et senem et ministros eius interfecit.

So ging mit dem Mord am alten Lajos der erste Teil des Orakels in Erfüllung.

Der auf dem Berg Kithairon ausgesetzte Knabe Ödipus wird von einem Schafhirten gefunden.

Umfang: 96 lat. Wörter

Der herangewachsene Ödipus fragt den alten Schafhirten nach seiner Vergangenheit.

Ödipus tötet seinen Vater Lajos.

Drei Szenen aus der Ödipussage: Reliefbilder von einem römischen Sarkophag.
3. Jh. n. Chr. Rom, Vatikanische Museen.

(A) Übersetzung

Das Experiment des Psammetichos

Psammetichos, Herrscher von Ägypten, versucht mit Hilfe eines Experiments herauszufinden, welche Sprache die älteste ist.

1. Diu complures putaverunt linguam Aegyptiam primam generis hominum fuisse.
2. Qua de causa Psammetichus, cum cognoscere cuperet, quod verbum liberi primum discerent, imperavit, ut duo pueri in tecto clauso viventes a ministro diligenti alerentur.
3. Qui promisit se tacentem pueris consulturum esse, ne quae voces audirentur.
4. Fidem servans sole occidente liberis semper cibum dabat et paulo post abibat.
5. Aliquando autem illi subito clamare coeperunt: „Bekos[1]! Bekos[1]!“
6. Quibus verbis dictis minister providit, ut nuntius ad regem mitteretur.

Der Bote meldete dem König den Verlauf des Experiments. Schließlich stellte sich heraus, dass „Bekos" das phrygische Wort für „Brot" ist. Daraus schloss der König, dass die phrygische Sprache die älteste Sprache ist und dass die Phryger das älteste Volk sind.

(B) Zusätzliche Aufgaben

1. Übersetze die folgenden Ablativi absoluti mit einem Präpositionalausdruck. (5 BE)

a) nullo resistente
b) Psammeticho regente
c) spe sublata
d) certaminibus confectis
e) civibus invitis

[1] **Bekos:** Das Wort wird nicht übersetzt.

2. Setze die Partizipialausdrücke in den Ablativ und übersetze dann mit einem Temporalsatz. (6 BE)

   a) hiems iniens   b) femina laborans   c) omina comperta

3. Bilde das Partizip Futur Aktiv im Nominativ Singular Maskulinum zu folgenden Infinitiven. (4 BE)

   a) invadere   c) decedere
   b) vincere   d) obicere

4. Nenne das den Fremdwörtern zugrunde liegende lateinische Wort und übersetze dieses. (3 BE)

   a) Repertoire   b) Veto   c) Konsistenz

5. Erkläre, was die Redensart „Eulen nach Athen tragen“ bedeutet. (2 BE)

6. Ergänze den unvollständigen Stammbaum der Familie des Ödipus. (4 BE)

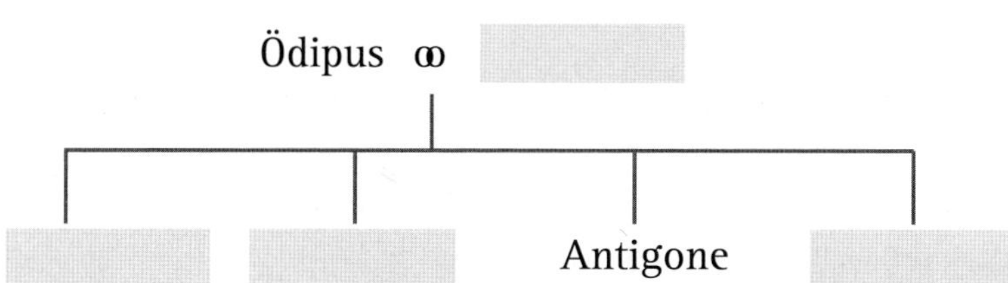

Umfang: 74 lat. Wörter + 24 BE

8. Prüfungsaufgabe

(A) Übersetzung

Julian Apostata

Kaiser Julian (332-363 n. Chr.), genannt Apostata („der Abtrünnige"), der Anhänger der traditionellen Götterlehre war, musste zur Sicherung des Römischen Reiches immer wieder Kriege führen.

1. Imperator Iulianus censuit studio philosophiae antiquae opus esse, sed ei non diu licuit se litteris dare, cum bella acria gerere cogeretur.
2. Persis[1] Romanis bellum inferentibus ille peritus dicendi animos militum copiose incendit:
3. „Ne metus vos incedat, quamvis in summo discrimine simus! Nam hostes fuga salutem petent, propterea quod eos exstinguendi cupidi sumus.
4. Velim in copias gladiis telisque armatas ruatis! Parati ad pugnandum fortiter in aciem procedamus!"
5. Postquam imperator Persas[1] temptavit, telo vulnus grave accepit.

Infolge dieser Verwundung starb Julian 363 n. Chr. auf dem Feldzug gegen die Perser.

(B) Zusätzliche Aufgaben

1. Übersetze die folgenden Wünsche von Julians Frau Helena. (6 BE)

   Helena sorgt sich um ihren Mann, der in Gallien gegen die Alemannen kämpft.

   a) „Coniunx semper salutem suam respiciat!
   b) Utinam se recipere malit quam pericula subire!
   c) Utinam ne in Galliam pervenisset!"

---

[1] Persae, -ārum *m Pl.* die Perser

2. Übersetze folgende Sätze. (4 BE)

   Aus dem Bericht eines römischen Gutsverwalters:

   a) Fures consilium boves rapiendi inierunt.
   b) Etiam statuas e tecto sustulerunt.

3. Übersetze die folgenden Verbformen. (5 BE)

   a) fers
   b) afferetur
   c) referebantur
   d) infertis
   e) perlata erant

4. Wähle aus den folgenden Subjunktionen diejenigen aus, die einen Konzessivsatz einleiten können. (3 BE)

   quoniam – postquam – quamquam – quamvis – quia

   dum – cum – donec – quod – priusquam

5. Nenne zu den unterstrichenen Fachbegriffen aus einem Lehrbuch der Medizin das zugrunde liegende lateinische Wort und gib seine deutsche Bedeutung an. (3 BE)

   Unter der <u>Koronar</u>reserve versteht man die <u>Differenz</u> zwischen der <u>maximalen</u> O_2-Menge und dem tatsächlichen O_2-Verbrauch.

6. Erkläre, inwiefern sich Karl der Große Verdienste um das Bildungsniveau seines Volkes erwarb. (3 BE)

Umfang: 74 lat. Wörter + 24 BE

(A) Übersetzung

Kaiser Konstantin

312 n. Chr. kämpften Maxentius und Konstantin um die Vorherrschaft. Die Schlacht an der Milvischen Brücke entschied auch über das weitere Schicksal des Christentums in Rom. Konstantin kämpfte nämlich mit dem Zeichen des Kreuzes.

1. Scriptores antiqui referunt plures imperatores Christianis[1] iniuriam intulisse.
2. Nam plerique Christiani[1] sacra neglegentes in summo discrimine fuerunt, dum Constantinus animum suum convertit, cum Maxentius ei bellum inferret.
3. Constantinus enim timens, ne exercitus suus superaretur, spem non in superis posuit, sed in Christo[2], quia signum Dei in somno viderat.
4. Quare milites armatos postero die his fere verbis appellavit:
5. „Utinam Maxentio victoriam auxilio divino eripiam! Adversarii fuga salutem petant!“
6. Tum milites aequo animo ad aciem processerunt.

Silbermedaillon mit dem Porträt Kaiser Konstantins, um 315 n. Chr. entstanden. Am Helmbusch des Kaisers ist das Christusmonogramm zu sehen.

(B) Zusätzliche Aufgaben

1. Übersetze folgende Wendungen. Beachte den Kasus des Gerundiums. (6 BE)

   a) leges neglegendo
   b) facultas effugiendi
   c) ars dicendi
   d) cupidus procedendi
   e) licentia bibendi
   f) tacendo

[1] **Chrīstiānī, -ōrum** *m Pl.* die Christen – [2] **Chrīstus** (Jesus) Christus

2. Übersetze die Wendungen und beachte den Modus. (5 BE)

Die folgenden lateinischen Sätze schwirren durch das Klassenzimmer:

a) Officia praestemus!
b) Utinam magistris pareas!
c) Quod di bene vertant!
d) Utinam multas linguas didicissetis!
e) Audiatur et altera pars!

3. Übersetze die folgenden Sätze, die indirekte Fragen enthalten. (3 BE)

Unter Freunden:

a) „Narrate, quando domum redieritis."
b) „Nescio, utrum amicis auxilio venias an domi maneas."

4. Gib die Bedeutung der folgenden Komposita von *ferre* an. (3 BE)

a) perferre　　b) afferre　　c) inferre

5. a) Ergänze die Liste der ersten römischen Kaiser in der richtigen Reihenfolge. (3 BE)

Augustus　　　　　　Nero

b) Erkläre den Begriff „Soldatenkaiser". (2 BE)

6. Gib an, was man unter einer „Pfalz" versteht. (2 BE)

Umfang: 74 lat. Wörter + 24 BE

(A) Übersetzung

Auf wen ist Verlass?

Ein König ist in Schwierigkeiten und bittet seine verheirateten Töchter um Hilfe.

1. Rex, cui tres filiae erant, in summo discrimine fuit, quia clade gravi affectus erat, cum hostes ei bellum intulissent.
2. Cum ideo legatos ad filias misisset sperans eas sibi auxilium laturas esse, solae filiae tertiae voluntas patrem iuvandi fuit.
3. Brevi tempore legati regi haec rettulerunt: „Ne de salute desperaveris! A filia tua tibi facultas datur hanc iniuriam vindicandi.
4. Nam iussu filiae tuae plerique milites telis armati tibi praesidia erunt!"
5. Quo nuntio allato rex gaudio commotus filiam copiose laudavit.

(B) Zusätzliche Aufgaben

1. Übersetze die folgenden Wendungen. (6 BE)

   Nach gewonnener Schlacht lässt die Tochter dem Vater per Boten ausrichten:

   a) „Milites fortes ad pugnandum parati fuerunt, ut promiseram.
   b) Nam consilium patriam defendendi ceperam.
   c) Nunc tempus est superis gratias agendi."

2. Wähle die vier Formen aus, die nicht eindeutig Konjunktiv sind. (4 BE)

   videas – suscipiam – agatur – perspexerimus – nuntiem
   ostenderetur – redeant – egeris – rexissent – veniam – conduceretis –
   nesciant – audiatur – affuero – motus sis – abeant

3. Erkläre, wieso der Frankenkönig Karl Kaiser der Römer wurde. (4 BE)

4. Nenne den „Störenfried". (3 BE)

   a) censere - existimare - vespere - putare
   b) num - nam - quid – nonne
   c) corpora – officia – fuga – scelera

5. Leite die unterstrichenen Wörter in den folgenden italienischen Sätzen von den zugrunde liegenden lateinischen Wörtern ab und gib deren deutsche Bedeutung an. (4 BE)

   Senti, Mamma, ho fame. Spero che tu abbia fatto la spesa.

6. Ergänze den Lückentext. (3 BE)

   Um das riesige Gebiet des Römischen Reiches optimal verwalten zu können, teilte Kaiser Diokletian sich das Imperium mit seinen drei Mitkaisern Maximian, Galerius und Constantius. Entsprechend der Zahl der Herrscher nannte man sie ? . Doch unter ihren Nachfolgern kam es zu Machtstreitigkeiten. So schaltete Constantinus seine Konkurrenten, z.B. ? , aus und herrschte als einziger Kaiser über das gesamte Reich. Anstelle des alten Byzanz gründete er schließlich 330 n.Chr. das nach ihm benannte ? .

Die vier in Aufgabe 6 genannten Herrscher, Plastik aus dem 4. Jh. n.Chr. Venedig, Markusplatz.

Umfang: 77 lat. Wörter + 24 BE

(A) Übersetzung

Tsunami

Am 26. Dezember 2004 brachte ein verheerender Tsunami Unglück über Hunderttausende am Indischen Ozean *(Oceanus Indicus)*. In einer lateinischen Radioreportage wird darüber berichtet:

1. Quemnam fallit, quot homines in terris pulcherrimis otium petant?
2. Etiam eo anno exeunte[1] plurimi homines calamitatis futurae ignari in regiones circum Oceanum Indicum sitas convenerunt se voluptatibus daturi.
3. In litoribus multi liberi in mare placidum insiluerunt[2] neque ullam occasionem ludendi omiserunt.
4. Sed sinus adhuc tutiores se in loca vasta converterunt, postquam propter terrae motum[3] undae montibus simillimae in litora ruerunt et milia hominum miserrimorum oppresserunt.
5. Sero nuntius in regiones finitimas relatus est.

(B) Zusätzliche Aufgaben

1. Übersetze die folgenden Superlative mit geeigneten deutschen Steigerungsformen. (4 BE)

   In einem anderen Bericht verwendet der Reporter folgende Wendungen:

   a) urbs antiquissima
   b) homines divitissimi
   c) vir firmissimus
   d) undae altissimae

2. Ergänze die Gegensatzpaare. (3 BE)

   a) parvus
   b) nobilis
   c) immortalis

---

[1] **exīre** hier: zu Ende gehen – [2] **īn-silīre**: Leite das Kompositum von *dē-silīre* ab, indem du die Vorsilbe änderst. – [3] **terrae mōtus, -ūs** das Erdbeben

3. Setze die in Klammern stehenden Ausdrücke in den Ablativus comparationis und übersetze die Sätze. (4 BE)

   Auch diese Sätze stammen aus einem lateinischen Bericht über den Tsunami.

   a) Nihil indignius est *(quam mors crudelis).*
   b) Nihil turpius fuit *(quam conspectus corporum).*

4. Ergänze die fehlenden Steigerungsformen. (4 BE)

a)	sapiens		
b)		melior	
c)			plurimi
d)	malus		

5. Übersetze die folgenden Ausdrücke. Beachte Kasus und Numerus. (3 BE)

   a) equus celerior
   b) muneribus facilioribus
   c) in via angustiore

6. Benenne die folgenden geografischen Angaben mit den heute üblichen Begriffen. (3 BE)

   a) Rhenus
   b) Danuvius
   c) Albis

7. Erkläre, wie es Cäsar gelang, die gallische Festung von Alesia einzunehmen. (3 BE)

Umfang: 72 lat. Wörter + 24 BE

(A) Übersetzung

Land in Sicht

Marcus Tampius erzählt seinen Freunden ein Erlebnis, von dem ihm sein Großvater berichtet hat:

1. „A pueris iterum atque iterum audivi nautas quosdam labores itineris longissimi suscepisse.
2. Cum mare ignotum transeuntes paene fame perissent, illi demum insulam singularem procul conspexerunt.
3. Neminem fefellit eam insulam pulchriorem plerisque esse.
4. Protinus maximo gaudio commoti insulam miram petere statuerunt cibos accepturi.
5. Praesidiis firmis in sinu relictis nautae celerrime de nave desiluerunt, insulam intraverunt, incredibili quadam virtute multa pericula subierunt.
6. Profecto felices non solum cibos, sed etiam ingentes divitias invenerunt."

(B) Zusätzliche Aufgaben

1. Bilde den Superlativ in Kasus, Genus und Numerus korrekt zu den in Klammern angegebenen Adjektiven und übersetze mit Elativ. (5 BE)

   Folgendes bekamen die Seeleute auf der Insel zu Gesicht:

   Viderunt ? (*multi*) saxa, animalia ? (*ferus*), arbores ? (*altus*), flumina ? (*longus*), agros ? (*latus*).

2. Wie Marcus Tampius weißt du über die zwei großen Inseln Sizilien und Britannien, die römische Provinzen sind, Bescheid. Beantworte folgende Fragen.

   a) Welche Rolle spielt Sizilien unter den römischen Provinzen? (1 BE)
   b) In welchen Etappen wird die Insel *Britannia* römische Provinz? (4 BE)

3. Übersetze die folgenden Sätze. (6 BE)

Der Großvater von Marcus Tampius erzählte auch Folgendes:

a) „Nautae officia constanter praestiterunt.
b) Quidam viri ceteris virtute praestiterunt.
c) Sed nemo fortior magistro navis fuit.“

4. Ergänze die fehlenden lateinischen Adverbien wie in Klammern angegeben. (3 BE)

Die Freunde von Marcus Tampius loben die Erzählung über diese Inselexpedition:

a) „ ? (*ziemlich gut*) narravisti.
b) Verba ? (*möglichst sorgfältig*) delegisti.
c) Fabula ? (*sehr heftig*) sollicitati sumus.“

5. Setze die fehlenden Formen von *quidam* ein. (5 BE)

Marcus Tampius kennt auch die Geschichte über den Sänger Arion:

„Scriptores ? narrant Arionem ? de nave ? in mare vastum desiluisse. Nam a viris ? cupidis pecuniae suae oppressus est. Mira ? ratione a delphino[1] servatus est.“

Fresko aus dem Palast von Knossos (Kreta). 15. Jh. v. Chr.

[1] **delphīnus** der Delfin
Umfang: 70 lat. Wörter + 24 BE

(A) Übersetzung

Die Griechen – Vorbilder in vielen Bereichen

Am Hof des Kaisers Hadrian (Hadriānus 76-138 n. Chr.) lebte der junge Antinoos, den der Kaiser sehr ins Herz geschlossen hatte. Eines Tages unterhielt sich Antinoos nach einer Unterrichtsstunde mit einem seiner Lehrer in Anwesenheit von Hadrian über die Leistungen der Griechen.

1. Aliquando magister quidam contendit neminem cupidiorem litterarum et doctiorem esse quam Hadrianum.
2. Quae verba non probans Antinous primum diutius tacebat, denique magistro acrius haec respondit Hadriano ei aures dante:
3. „Quisnam nescit Hadrianum humanitate ac moribus praestantiorem esse quam ceteros Romanos, sed Graecos nonnullis virtutibus eum superare? Proinde ne illos neglexeris!
4. Nam illi maxima gloria digni sunt, quia multi philosophi Graeci incredibili quadem sapientia ac singulari ingenio fuerunt."
5. Sic Antinous Graecos laude praeclara sustulit.

(B) Zusätzliche Aufgaben

1. Setze die fehlenden Superlativformen grammatikalisch korrekt ein. (5 BE)

   a) Quod Hadrianus putavit se ipsum ? (*peritus*) omnium artium esse, viros ? (*doctus*) laudavit.

   b) Omnes, qui villam ? (*amplus*) Hadriani intraverunt, vel ? (*magnus*) statuas vel imagines ? (*pulcher*) aspexerunt.

Hadrian und Antinoos.
Gemälde aus dem 19. Jh.

2. Übersetze die folgenden Kausalsätze, die zur Beschreibung von Kaiser Hadrian dienen. (3 BE)

   Imperator Hadrianus laude dignus fuit, ...

   a) ... quia peritus artium fuit.
   b) ... quia ignarus scelerum fuit.
   c) ... quia plurimos labores toleravit.

3. Übersetze den folgenden Satz. (3 BE)

   Nach einem kleinen Streit mit Kaiser Hadrian denkt Antinoos:

   Hadrianus putat se sapientiorem omnibus esse, quod legiones firmas habet.

4. Vervollständige die folgenden Aussagen über Hadrian, indem du die fehlenden Wendungen mit Gerundium ergänzt. (6 BE)

   a) Hadrianus peritus ? (*res publica; regere*) fuit.
   b) Imperator occasionem ? (*virtus; petere*) non omisit.
   c) His de causis ? (*leges; conservare*) cupidus fuit.

5. Hadrian ist weit gereist, auch in Britannien hielt er sich auf. Identifiziere die unterstrichenen Bestandteile, die in folgenden englischen Städtenamen enthalten sind, führe sie auf das Lateinische zurück und gib die deutsche Bedeutung dieser lateinischen Wörter an. (4 BE)

   a) *Greenwich* b) *Portsmouth* c) *Manchester* d) *Lincoln*

6. Fasse zusammen, welche Überlegungen der Gallier Critognatus seinen in Alesia eingeschlossenen Landsleuten unterbreitet. (3 BE)

Umfang: 73 lat. Wörter + 24 BE

(A) Übersetzung

Die Germanen verbreiten Angst und Schrecken

Der Germanenfürst Ariovist war über den Rhein nach Gallien vorgedrungen und hatte die dort wohnenden gallischen Stämme bedrängt. Die Hoffnungen der Gallier ruhten nun allein auf dem erfolgreichen Feldherrn Cäsar.

1. Scriptores quidam tradunt Germanos incredibili quadam virtute maxima pericula subisse.
2. Etiam Caesar ratus est se eos non celerrime caesurum esse.
3. Nam dum ille in Gallia versatur, complures legati Gallorum ad illum convenerunt veriti, ne Germani in omnes Gallos impetum facerent.
4. Qui cum arbitrarentur solum Caesarem se tueri et Germanos in fugam vertere posse, ille cum equitibus profectus est persecuturus Germanos Gallos finitimos aggredientes.
5. Quamobrem milites his verbis hortatus est: „Numquam patiemur hostes dolo usos e sedibus suis egredi.“

Cäsar und Ariovist. Unterredung vor der Schlacht. Holzstich von Johann Nepomuk Geiger, 1873. Berlin, Sammlung Archiv für Kunst und Geschichte.

(B) Zusätzliche Aufgaben

1. Übersetze die Sätze und ersetze dann die unterstrichenen Formen im lateinischen Text durch bedeutungsähnliche Deponentia in der korrekten Form. (9 BE)

   a) Caesar putavit legiones suas Germanos subigere.
   b) Sed paulo post timebat, ne Germani fortiores essent.
   c) Itaque milites monebat, ut vestigia hostium sequerentur.

2. Nenne den „Störenfried". (2 BE)

   a) tacere – tuere – sequere – verere
   b) sequeris – loqueris – egrederis – moneris

3. Ergänze jeweils den richtigen Kasus und übersetze. (8 BE)

   a) Utinam ? (*bonus amicus, Sg.*) utaris!
   b) Omnes ? (*imperium, Pl.*) sequantur!
   c) Ne oblitus sis ? (*officium, Pl.*)!
   d) ? (*cura, Pl.*) questi sumus.

4. Nenne drei Informationen, die über das Leben Sapphos bekannt sind. (3 BE)

5. Erkläre, was man unter *Hellenismus* versteht. (2 BE)

Umfang: 78 lat. Wörter + 24 BE

(A) Übersetzung

Griechen gegen Perser

In der Schlacht bei Marathon (490 v. Chr.) war den Griechen ein großer Sieg gegen die Perser gelungen. Zehn Jahre später griffen die Perser Griechenland erneut an. Der Athener Themistokles (Themistoclēs, -is) zeigte sich dabei als kluger Feldherr.

1. Constat Graecos Persas[1] ad Marathona[2] vicisse.
2. Quamobrem Xerxes[3], qui illius pugnae oblitus non erat, statuit cum ingenti exercitu in Graeciam proficisci et omnes Graecos odio persequi.
3. Cum Persae[1] totam fere Graeciam subegissent et Graeci ad proelium non iam moveri possent, Themistocles in re publica versans milites his verbis hortatus est:
4. „Ne calamitatem civitatum questi sitis! Nam deis auctoribus patriam a periculo premente tuebimur, ut libertatem perpetuam consequamur.
5. Itaque summa virtute utentes hostes aggrediamur, ut Persae[1] multa vulnera patiantur!“

Tatsächlich besiegten die Griechen in der Seeschlacht von Salamis (480 v. Chr.) die Perser erneut.

(B) Zusätzliche Aufgaben

1. Setze die grammatikalisch korrekten Formen der angegebenen Verben ein. (4 BE)

   a) Persae[1] ante muros ? (PPA von *versari*) parati sunt ad ? (Gerundium von *aggredi*).

   b) ? (1. Pers. Pl. Ind. Präs. von *vereri*), ne hostes urbem ? (3. Pers. Pl. Präs. von *ingredi*).

---

[1] **Persae, -ārum** *m Pl.* die Perser – [2] **Marathōn, -ōnis** *m* Marathon (Dorf in Attika) – [3] **Xerxēs, is** *m* Xerxes (Perserkönig)

2. Übersetze die folgenden Sätze. (9 BE)

   a) Nil novi sub sole.
   b) Quid consilii cepisti?
   c) Plurimum laboris in litteris consumpsi.
   d) Quis vestrum irascitur?
   e) Multumne temporis loquendi habes?

3. Erkläre die folgenden Fremdwörter und gib jeweils das zugrunde liegende lateinische Wort an. (3 BE)

   a) Colloquium   b) Querulant   c) Sequenz

4. Bilde die entsprechenden Formen von *hortari.* (3 BE)

   a) ad monendum   b) monentes   c) monuisti

5. Gib zwei Stilmittel an, die in folgendem Satz verwendet sind. (2 BE)

   Themistocles nihil timuit, multa egit, plurima cogitavit.

6. Beschreibe die Tätigkeit der Sophisten in der Antike. (3 BE)

Umfang: 78 lat. Wörter + 24 BE

Übersetzung

Alexanders Badeunfall

Der Makedone Alexander der Große (356-323 v. Chr.) ist als Eroberer bekannt, der auf seinem Feldzug mit seinem Heer schließlich bis nach Indien gelangte.

1. Longo itinere fatigatus Alexander aliquando corpus in flumine recreabat, cum repente vires[1] suas perdidit.
2. Quare amici regem in tabernaculum[2] tulerunt et medicos in castris versantes arcessiverunt veriti, ne Alexander de vita decederet.
3. Gemitu ceterorum perturbatus unus ex amicis haec locutus est: „Graecia subiecta Alexander nobis confessus est se contra Persas[3] profecturum esse.
4. Regi polliciti sumus nos eum ad fines orbis terrarum secuturos esse.
5. Sed quomodo copias hostium vincemus, si Alexander occiderit?"
6. Postridie Alexander oculos aperuit et ex amicis querentibus quaesivit, quamobrem tristes lectum circumstarent[4].
7. Paulo post amici frustra regem hortabantur, ut quiesceret et valetudini suae parceret.

Durch seine Eroberungszüge bis weit in den asiatischen Raum hinein ist Alexander der Große auch im Orient – bis auf den heutigen Tag – eine sagenumwobene Figur. Auf dieser islamischen Miniatur aus dem 16. Jh. ist Alexander auf seinem Lieblingspferd Boukephalos dargestellt.

[1] **vīrēs**: Pl. zu *vīs* – [2] **tabernāculum** (Feldherrn-)Zelt – [3] **Persae, -ārum** *m Pl.* die Perser – [4] **circum-stāre**: Erschließe das Kompositum von *stāre*.
Umfang: 96 lat. Wörter